COLLECTION DE M. F.

EAUX-FORTES

MODERNES

13 DÉCEMBRE 1892

Me Maurice DELESTRE
COMMISSAIRE-PRISEUR
27, rue Drouot, 27

M. DUPONT AINÉ
MARCHAND D'ESTAMPES
21, rue de Seine, 21

PARIS

IMPRIMERIE D. DUMOULIN ET Cie

5, RUE DES GRANDS-AUGUSTINS, 5

(N° 118

CATALOGUE

D'EAUX-FORTES

MODERNES

Par Baron, Batley, Bracquemond, Browne, Courtry,
Desbrosses, Fortuny, F. Gaillard,
Gaujean, L. Gautier, Gœneutte, Seymour Haden, Kratké, Legros, L. Leloir
Lhermitte, Manley, Martial,
Meissonier, Millet, Oudart, Piguet, Rajon, Reynaud, Spinelli, Tissot,
Vion, Waltner, Watson, Whistler, etc.

ÉPREUVES D'ARTISTE

SUR PARCHEMIN ET SUR JAPON

DONT LA VENTE AUX ENCHÈRES PUBLIQUES AURA LIEU

HOTEL DES COMMISSAIRES-PRISEURS, RUE DROUOT, SALLE N° 8

Le Mardi 13 Décembre 1892,

à deux heures.

Par le ministère de Me **MAURICE DELESTRE**, Commissaire-Priseur,
rue Drouot, 27

Assisté de M. **DUPONT** aîné, marchand d'estampes, rue de Seine, 21.

PARIS, 1892

CONDITIONS DE LA VENTE

Elle sera faite au comptant.

Les Acquéreurs payeront CINQ POUR CENT en sus des enchères, applicables aux frais de vente.

L'ordre du Catalogue sera suivi.

DÉSIGNATION

ESTAMPES

AMSTED (A.)

1 — Vieux cottage.

Très belle épreuve d'artiste sur japon, signée.

ANGLEY (H.)

2 — L'Ecluse.

Très belle épreuve d'artiste sur japon, signée.

ATKINSON (L.)

3 — Mabel.

Belle épreuve.

BALLIN, CADART

4 — Marine, — Vue de la Chambre des députés, eau-forte originale.

Deux pièces, très belles épreuves d'artiste.

BARON (Ch.)

5 — Les Joueurs d'échecs, d'après Aranda.

Très belle épreuve d'artiste, avec remarque sur parchemin, signée du peintre et du graveur.

BASTIEN-LEPAGE

6 — La Faneuse, — Le Faucheur aiguisant sa faulx.

Deux pièces, très belles épreuves d'artiste, dont une sur japon.

BATLEY

7 — Les Semeurs.

Trè belle épreuve d'artiste avec remarque sur japon, signée du peintre et du graveur.

BENJAMIN-CONSTANT, CASANOVA

8 — Un pouilleux, — Andalouses.

Deux pièces, très belles épreuves d'artiste.

BERTAUT

9 — Les Meules, d'après Millet, — Forêt de Fontainebleau, d'après Diaz.

Deux pièces, très belles épreuves d'artiste sur parchemin, signées.

BOCOURT (E.)

10 — J.-F. Millet.

Très belle épreuve d'artiste sur japon.

BOILVIN (E.)

11 — Le Roman comique, pièce inédite des *Sonnets et Eaux-fortes*.

Très belle épreuve d'artiste sur japon.

BONNAT (V.)

12 — L'Ange terrassant le démon.

Très belle épreuve d'artiste sur japon.

BORREL

13 — Le Traîneau, d'après Boucher.

Très belle épreuve d'artiste avec remarque sur parchemin, signée.

BRACQUEMOND

14 — Vieux coq.

Très belle épreuve d'artiste sur chine, signée.

BRETON (d'après)

15 — Les Premières communiantes, par Hamilton.

Très belle épreuve d'artiste avec remarque sur japon, signée.

16 — Les Premières communiantes, par Lesigne.

Très belle épreuve d'artiste avec remarque sur parchemin, signée.

BROWNE

17 — Une vieille connaissance.

Très belle épreuve d'artiste sur japon, signée du peintre et du graveur.

BUTIN (U.), **VOLLON**

18 — L'Attente, — Femme du Polet, etc.

Quatre pièces photogravures coloriées, très belles épreuves.

CALAHAN (J.)

19 — Marine.

Très belle épreuve d'artiste, avec remarque sur japon, signée.

CHAMPOLLION (E.)

20 — Pêcheurs, d'après Ulysse Butin.

Très belle épreuve d'artiste sur parchemin.

CLEAN

21 — Pont de bois, — Moutons, — Paysage.

Trois pièces, très belles épreuves d'artiste avec remarque sur japon, signées.

COROT (d'après)

22 — Le lac de Garde, — Le Batelier, — L'Arbre brisé, — Les Marais, par Bertaut.

Quatre pièces, épreuves d'artiste sur parchemin, signées.

COURTRY (Ch.)

23 — Entrez, Monseigneur, d'après Ximénez.

Très belle épreuve d'artiste sur japon.

24 — Entre deux feux, d'après Ximenez.

Très belle épreuve d'artiste, avec remarque sur japon; signée du peintre et du graveur.

25 — Au bord de la mer, d'après Corcos.

Très belle épreuve d'artiste, avec remarque sur parchemin, signée du peintre et du graveur.

26 — Intérieur marocain, d'après Guillaumet.

Très belle épreuve d'artiste, signée.

27 — Fiançailles du doge avec l'Adriatique.

Très belle épreuve d'artiste, signée.

COURTRY, FLAMENG, GREUX

28 — Le Bon Pasteur, d'après Rembrandt, — Milton dictant le *Paradis perdu* à ses filles.

Trois pièces, très belles épreuves d'artiste.

DAUBIGNY, Ch. JACQUE

29 — Poule et ses poussins, — Troupeau de porcs sortant d'un bois, — Cour de ferme.

Trois pièces, très belles épreuves d'artiste.

DAUMONT

30 — Coucher de soleil.

Très belle épreuve d'artiste avec remarque sur japon, signée.

DECAMPS

31 — Village de Turquie.

Belle épreuve sur chine.

DESBROSSES

32 — Paysage, d'après Corot.

Très belle épreuve d'artiste avec remarque, sur parchemin.

DESMOULINS (J.)

33 — Accident de chasse.

Très belle épreuve d'artiste sur parchemin, signée du peintre et du graveur.

34 — Le Procès-verbal.

Très belle épreuve d'artiste, sur parchemin, signée du peintre et du graveur.

DETAILLE (E.)

35 — Uhlan.

Très belle épreuve d'artiste.

DOBIE (J.)

36 — Quand le cœur est jeune.

Très belle épreuve.

DOLLMAN (J.-C.)

37 — La Frontière.

Très belle épreuves d'artiste sur japon, signée du peintre et du graveur.

FAGAN

38 — La Bergère.

Très belle épreuve d'artiste avec remarque sur japon, signée.

FAIVRE (C.)

39 — The weeders of the pavement, — Mnedin (Hollande).

Deux pièces, très belles épreuves d'artiste, sur parchemin.

40 — La Partie d'échecs, d'après Roybet.

Très belle épreuve d'artiste sur japon, signée.

FEYEN-PERRIN, LALAUZE, C. NANTEUIL

41 — Les Filles du pêcheur, — Cache-cache, — Cour de ferme.

Trois pièces, épreuves d'artiste.

FLAMENG (L.)

42 — Rubens, — Portrait de femme, par Richeton.

Deux pièces, très belles épreuves d'artiste sur japon.

FONCE (C.)

43 — Bords du lac.

Très belle épreuve d'artiste, sur japon, signée.

44 — Le Vieux Moulin.

Très belle épreuve d'artiste, sur chine, signée.

FORTUNY

45 — Arabe assis.

Très belle épreuve d'artiste sur chine.

FRAIPONT

46 — Promesses.

Très belle épreuve d'artiste avec remarque sur japon, signée.

GAILLARD (F.)

47 — L'Homme à l'œillet.

Très belle épreuve sur chine, avant le cuivre coupé.

GAUJEAN (E.)

48 — Abandonné, d'après Deschamps.

Très belle épreuve d'artiste sur japon, signée.

49 — L'Enfant aux cerises, d'après J. Russell.

Très belle épreuve d'artiste avec remarque sur japon, signée.

GAUJEAN (E.)

50 — Souvenirs, d'après Chaplin.

Très belle épreuve d'artiste avec remarque sur japon, signée.

51 — La Paye des hâleurs, au Havre, d'après Gœneutte.

Très belle épreuve d'artiste avec remarque sur japon, signée.

52 — La Petite Fille du jardinier, — La maréchale de Luxembourg.

Deux pièces, très belles épreuves, dont une d'artiste, signée.

GAUTIER (L.)

53 — Notre-Dame de Paris ; effet de neige.

Très belle epreuve d'artiste avec remarque sur japon, signée.

54 — La Sainte-Chapelle.

Très belle épreuve d'artiste avec remarque sur japon, signée.

55 — L'Abside de Notre-Dame de Paris.

Très belle épreuve d'artiste avec remarque sur japon, signée.

56 — Pont des Saints-Pères.

Très belle épreuve d'artiste avec remarque, signée.

57 — Le Forum.

Très belle épreuve d'artiste, signée.

58 — Eglise della Salute, à Venise.

Très belle épreuve d'artiste avec remarque sur parchemin, signée.

59 — Les Chaumières, d'après Corot.

Très belle épreuve d'artiste avec remarque sur parchemin, signée.

60 — L'Arbre brisé, d'après Corot.

Très belle épreuve d'artiste avec remarque sur parchemin, signée.

61 — Paysage, d'après Daubigny.

Très belle épreuve d'artiste sur japon, signée.

GAUTIER (L.)

62 — Paysage, d'après Daubigny.

Epreuve d'artiste sur japon, signée.

63 — La Mare, d'après J. Dupré.

Très belle épreuve d'artiste sur parchemin, signée.

64 — Le Grand Canal à Venise, d'après Ziem.

Très belle épreuve d'artiste avec remarque sur parchemin, signée.

GILBERT (A.)

65 — Maria, d'après Bonnat.

Belle épreuve sur chine.

GIOVANI (G.)

66 — Napoléon.

Très belle épreuve d'artiste avec remarques sur parchemin, signée.

GOENEUTTE (N.)

67 — La Bergerie.

Très belle épreuve d'artiste avec remarques sur parchemin, signée.

68 — Pêcheuse.

Très belle épreuve d'artiste sur japon, signée.

69 — La Seine à Bercy. — Le Pont-Neuf.

Deux pièces, très belles épreuves d'artiste, signées.

70 — Les Champs-Elysées. — Réflexion.

Deux pièces, très belles épreuves d'artiste, signées.

GRAVIER (A.)

71 — Le Favori.

Très belle épreuve.

GOWANS

72 — Paysages. — Petit pont de bois, — Bords de rivière.

Trois pièces, épreuves d'artiste avec remarque sur japon, signées.

HADEN (Seymour)

73 — Vue prise d'une fenêtre de la maison de l'artiste (B., 17).

Très belle épreuve d'artiste.

74 — Maison de Whistler au vieux Chelsea ; Whistler House (47).

Très belle épreuve d'artiste avec l'étoile, sur japon, signée.

75 — La Tewy à New Castle in Emlyn (55).

Très belle épreuve d'artiste, signée.

76 — La Maison du charron (56).

Très belle épreuve d'artiste, signée.

77 — L'Abreuvoir à Kenarth (57).

Très belle épreuve d'artiste, signée.

78 — Lever de soleil à Cardigan (60).

Très belle épreuve d'artiste, signée.

79 — Le Bac de Brentford (66).

Très belle épreuve d'artiste, signée.

80 — Shepperton (71).

Très belle épreuve d'artiste, signée.

81 — Kew, sur la Tamise (73).

Très belle épreuve d'artiste sur japon, signée.

82 — Porte du château de Burgos ; Grim Spain (168).

Très belle épreuve d'artiste sur japon.

83 — Battersea Reach.

Très belle épreuve d'artiste, avec le chat.

HAMILTON (H.)

84 — A Kiss for the sea.

Très belle épreuve d'artiste sur japon, signée.

HART (W.)

85 — Affection maternelle.

Très belle épreuve d'artiste avec remarque sur japon, signée.

HOFFNER (V.)

86 — Crépuscule.

Très belle épreuve d'artiste sur parchemin, signée.

HUNT (L.)

87 — Vue de Hollande.

Très belle épreuve d'artiste avec remarque sur japon, signée.

JACQUEMART (J.)

88 — Porcelaine orientale.

Très belle épreuve d'artiste.

ISABEY (d'après)

89 — Retour au port.

Très belle épreuve d'artiste, signée.

ISRAELS (d'après)

90 — Les Laveuses, par Cormick.

Très belle épreuve d'artiste sur japon, signée.

KRATKÉ (L.)

91 — La fin de la journée, d'après Breton.

Très belle épreuve d'artiste sur parchemin, signée.

92 — Arquebusier, d'après Fortuny.

Très belle épreuve d'artiste avec remarque sur japon, signée.

KRATKÉ (L.)

93 — La récolte des œillettes, d'après Laugée.

Très belle épreuve d'artiste avec remarque sur japon, signée.

94 — Les Chaumières.

Très belle épreuve d'artiste avec remarque sur parchemin, signée.

95 — Paysage, d'après Harpignies.

Très belle épreuve d'artiste avec remarque sur japon, signée.

96 — Le Moulin.

Très belle épreuve d'artiste avec remarque sur parchemin, signée.

KING (J.)

97 — La Faneuse.

Très belle épreuve d'artiste avec remarque sur japon, signée.

KRUSMAN (V.)

98 — San Francisco.

Très belle épreuve d'artiste sur japon, signée.

99 — Environs de Boston.

Très bele lépreuve d'artiste avec remarque sur japon, signée.

LAGUILLERMIE

100 — La Cruche cassée, d'après Greuze.

Très belle épreuve d'artiste sur japon, signée.

LEGROS (A.)

101 — Portrait de G. F. Wats (198).

Très belle épreuve d'artiste sur japon

102 — La lecture de l'office.

Très belle épreuve d'artiste sur chine.

LELOIR (L.)

103 — Accepté, — Refusé, par Jeannin.

Deux pièces, très belles épreuves d'artiste avec remarque sur parchemin, signées.

LELOIR (L.)

104 — Dame, — Cavalier, par Boilot.

Deux pièces, très belles épreuves d'artiste sur japon, signées.

LEMAN (d'après)

105 — Théâtre de Molière.

Cinq pièces, photogravures coloriées, très belles épreuves.

LHERMITTE (L.)

106 — Marché aux poissons, — Au Luxembourg.

Deux pièces, très belles épreuves d'artiste.

107 — Le Moulin, — La Paye des moissonneurs, etc.

Trois pièces, très belles épreuves d'artiste.

LOS RIOS (De)

108 — Le Printemps, d'après H. Lerolle.

Très belle épreuve d'artiste avec remarque sur japon, signée.

MACBETH (R.)

109 — Un jour de pluie.

Très belle épreuve d'artiste.

110 — La perte du fer.

Très belle épreuve d'artiste sur japon, signée.

MANET (d'après)

111 — Faure dans *Hamlet*, par Guérard.

Très belle épreuve d'artiste.

MANLEY

112 — Environs de Boston.

Très belle épreuve d'artiste avec remarque sur japon, signée.

113 — Près de Terre-Neuve, — Marine.

Deux pièces, très belles épreuves d'artiste avec remarque sur japon, signées.

MARCELLIN (L.)

114 — Abraham et les Anges, d'après Rembrandt.

Très belle épreuve d'artiste avec remarque sur parchemin, signée.

115 — La même estampe.

Très belle épreuve d'artiste.

MARE (J. DE)

116 — La Sainte Famille.

Très belle épreuve d'artiste sur chine.

117 — Saint Nicolas, — La Perruche.

Deux pièces, très belles épreuves.

MARE (T. DE)

118 — La Joconde, — F. Gaillard, — Stanley.

Trois pièces, très belles épreuves, dont deux d'artiste.

119 — Stanley, d'après Healy.

Quatre pièces, belles épreuves.

MARTIAL (P.)

120 — Citoyen de l'an V.

Très belle épreuve d'artiste sur japon.

121 — Les Cancalaises, d'après Feyen Perrin.

Très belle épreuve d'artiste sur japon.

122 — La Glaneuse, d'après Breton, — Sous bois, etc.

Trois pièces, épreuves d'artiste sur japon,

MARTIN

123 — Grand Canal, d'après Ziem.

Très belle épreuve d'artiste sur parchemin, signée.

MEISSONIER (E.)

124 — Le Sergent rapporteur.

Très belle épreuve d'artiste, avant l'adresse de Salmon.

MEISSONIER (d'après)

125 — Cavalier, par Alasonnière.

Très belle épreuve d'artiste avec remarque sur parchemin, signée.

126 — Les Amateurs d'estampes, par Courtry.

Très belle épreuve d'artiste avec remarque sur japon, signée.

127 — Officier Louis XIII, par Gilbert.

Très belle épreuve d'artiste, avec remarque sur parchemin, signée

128 — Joueur de guitare, par Gilbert.

Très belle épreuve d'artiste avec remarque sur parchemin, signée.

129 — La même estampe.

Très belle épreuve d'artiste avec remarque sur japon, signée.

130 — Le Liseur, par Jacquemart.

Belle épreuve.

131 — Défilé des populations lorraines, par Jacquemart.

Belle épreuve d'artiste.

132 — Le Portrait du sergent, par Jacquet.

Très belle épreuve sur japon.

133 — Le Peintre d'enseignes, par Jacquet.

Très belle épreuve sur chine.

134 — Borée, par de Mare.

Très belle épreuve d'artiste.

135 — Le Convoi, — Barricade, par de Mare.

Deux pièces, épreuves d'artiste sur japon, signées.

136 — Annibal, par Poterlet.

Très belle épreuve d'artiste avant les remarques, sur parchemin, signée.

MEISSONIER (d'après)

137 — Le Baiser, par Poterlet.

Très belle épreuve d'artiste avec remarque sur parchemin, signée.

138 — Le Liseur, par R. Spinelli.

Très belle épreuve d'artiste avec remarque sur parchemin, signée.

139 — La Chanson, par Vion.

Très belle épreuve d'artiste avec remarque sur parchemin, signée.

140 — La Chanson, par Vion.

Epreuve d'artiste avec remarque sur parchemin.

141 — La Chanson, — Le Peintre d'enseignes, — Officier Louis XIII, etc.

Six pièces, photogravures coloriées, très belles épreuves.

MERCIER

142 — La Bergère.

Très belle épreuve d'artiste avec remarque sur japon, signée du peintre et du graveur.

143 — Ramasseuses de pommes de terre, — Baigneuses, etc.

Huit pièces, très belles épreuves d'artiste.

MIELAZ (Ch.)

144 — Village en Californie, — Dordrecht.

Deux pièces, très belles épreuves d'artiste, dont une avec remarque sur japon, signée.

145 — Les Meules, — Crépuscule, etc.

Quatre pièces, épreuves d'artiste avec remarque sur japon, signée.

MILIUS

146 — Jeune fille, d'après Véronèse.

Très belle épreuve d'artiste avec remarques sur parchemin, signée.

147 — Jeune femme, d'après Watteau.

Très belle épreuve d'artiste.

MILLER

148 — Marines, — Paysages, — Cour de ferme, etc.

Six pièces, très belles épreuves d'artiste sur japon, signées.

MILLET (J.-F.)

149 — La Bouillie (B. 18.)

Très belle épreuve d'artiste, sur chine.

MILLET (d'après)

150 — La Tonte, par Chassinat.

Très belle épreuve d'artiste avec remarque, sur parchemin, signée.

151 — Les Glaneuses, par Courtry.

Très belle épreuve d'artiste.

152 — Le Greffeur, par Focillon.

Très belle épreuve d'artiste avec remarque sur parchemin, signée.

153 — La Baratteuse, par Kratké.

Très belle épreuve d'artiste avec remarque sur parchemin, signée.

154 — La Fileuse, par Kratké.

Très belle épreuve d'artiste, sur japon.

155 — La Tricoteuse, par Kratké.

Très belle épreuve d'artiste avec remarque, sur parchemin, signée.

156 — La Fileuse, par Le Couteux.

Très belle épreuve d'artiste, sur japon, signée.

157 — La Fileuse, par Lesigne.

Très belle épreuve d'artiste avec remarque, sur parchemin.

158 — L'Angelus.

Très belle épreuve d'artiste, sur japon, signée.

159 — L'Angelus.

Belle épreuve, sur chine.

MILLET (d'après)

160 — Les Glaneuses, — La Soupe, — L'Angelus, etc.

Quatre pièces, très belles épreuves, dont deux d'artiste, signées.

MILLSPANGH (J.)

161 — Paysage, — Un lac.

Deux pièces, très belles épreuves d'artiste avec remarque, sur japon, signées.

MINOR (R.)

162 — Le Moulin.

Très belle épreuve d'artiste avec remarque, sur japon, signée

OUDART (F.)

163 — Saint-Maurice.

Très belle épreuve d'artiste avec remarque, sur japon, signée.

164 — Anvers.

Très belle épreuve d'artiste avec remarque, sur japon, signée.

165 — Dans la campagne, d'après Lerolle.

Très belle épreuve d'artiste avec remarque, signée du peintre et du graveur.

PATON (F.)

166 — The good old days.

Très belle épreuve d'artiste, avec croquis dans les marges, signée.

PIGUET (R.)

167 — La Parisienne.

Très belle épreuve d'artiste.

PLATT (Ch.)

168 — Vue de Hollande.

Très belle épreuve d'artiste, sur japon (tirée à 50 épreuves). Rare.

POTERLET (H.)

169 — Le Nouveau-né.

Très belle épreuve d'artiste avec remarque, sur parchemin, signée.

170 — La même estampe.

Très belle épreuve d'artiste avec remarque, sur japon, signée.

PRATT

171 — Puss in boots.

Très belle épreuve.

172 — Bayard, — Eclipse.

Deux pièces, très belles épreuves.

ROE (E.)

173 — Gravesend, — London Bridge, — Bords de la Tamise, — Limehouse Reach, etc.

Suite complète de six pièces, très belles épreuves.

RAJON (P.)

174 — Le Secret, d'après Linton

Très belle épreuve d'artiste, sur japon, signée du peintre et du graveur.

175 — L'Arquebusier.

Très belle épreuve d'artiste, sur japon, signée.

176 — Lady Palmers.

Très belle épreuve d'artiste, sur japon.

REYNAUD (F.)

177 — Le Coup de main, d'après Renouf.

Très belle épreuve d'artiste avec remarque, sur parchemin, signée.

178 — Les Laveuses, d'après Knight.

Très belle épreuve d'artiste avec remarque, sur parchemin, signée.

179 — La même estampe.

Très belle épreuve d'artiste avec remarque, sur japon, signée.

SADOUX (E.)

180 — Le Château de Chantilly ; Vue de la façade ; — Vue prise sur les jardins.

Deux pièces, très belles épreuves avec remarque, sur parchemin, signées.

SANCHEZ (A.)

181 — Joueur de guitare.

Très belle épreuve d'artiste avec remarque, sur parchemin, signée.

SHANG (W.)

182 — Le Repos.

Très belle épreuve d'artiste, sur japon, signée.

SOMM (H.)

183 — Brune, — Blonde, — Femme au grand chapeau.

Trois pièces, très belles épreuves d'artiste, signées.

STÉVENS (d'après)

184 — Les Visiteuses, — La Faction, — L'Almée, etc.

Huit pièces, photogravures coloriées, très belles épreuves.

SPINELLI (R.)

185 — Après l'office, d'après Hawkins.

Très belle épreuve d'artiste, sur japon, signée.

186 — Saint Jean l'Hospitalier, d'après Dawant.

Très belle épreuve d'artiste, sur japon, signée du peintre et du graveur.

187 — Les Orphelins, d'après Hawkins.

Très belle épreuve d'artiste, sur japon, signée.

188 — La même estampe.

Très belle épreuve du 1er état.

189 — Jeunes gens à marier.

Très belle épreuve d'artiste avec remarque, sur parchemin, signée.

TISSOT (J.)

190 — Les Deux amis.

Très belle épreuve d'artiste du 1er état, signée.

VALLOTTON (F.)

191 — The morning of Life, — Gardeuse d'oies.

Deux pièces, très belles épreuves d'artiste avec remarque, sur parchemin, signées.

VION (H.)

192 — Le Troupeau, d'après Rosa Bonheur.

Très belle épreuve d'artiste, sur parchemin.

WALTNER (Ch.)

193 — La Fin de la journée.

Très belle épreuve d'artiste.

WATSON (Ch.)

194 — Chelsea.

Très belle épreuve d'artiste.

WEISZ (d'après)

195 — Fiancée alsacienne, — Alerte, — Danse, — La Partie de dames.

Quatre pièces, photogravures coloriées, très belles épreuves.

WHISTLER (J.)

196 — Putney.

Très belle épreuve d'artiste, sur japon.

WILSON (Ch.)

197 — Le Troupeau, d'après Fisher.

Très belle épreuve d'artiste, sur parchemin.

ZOBEL (G.)

198 — Little Swansdown.

Belle épreuve.

DIVERS

199 — Eaux-Fortes, par Héreau, Lalauze, Mordant, Oudart

Quatre pièces, très belles épreuves d'artiste.

200 — Eaux-Fortes, par Calahan, Gowans, Leigh Hunt, Miller, etc.

Cinq pièces, très belles épreuves d'artiste avec remarque, sur japon, signées.

201 — Eaux-Fortes, par Brunet-Debaines, Greux, Le Rat, Toussaint, etc.

Six pièces, très belles épreuves d'artiste.

ESTAMPES ENCADRÉES

BARON (Ch.)

202 — Joueurs d'échecs, d'après Aranda.

Très belle épreuve d'artiste avec remarque, sur parchemin, signée du peintre et du graveur.

BRETON (J.)

203 — Les Premières communiantes, par Lesigne.

Très belle épreuve d'artiste avec remarque, sur parchemin, signée.

COURTRY (Ch.)

204 — L'État-major autrichien devant le corps de Marceau, d'après J. P. Laurens.

Très belle épreuve, sur chine.

GAUTIER (L.)

205 — L'Arbre brisé, d'après Corot.

Très belle épreuve d'artiste avec remarque, sur parchemin, signée.

GREUZE (d'après)

206 — Jeune fille, par Massard.

Très belle épreuve d'artiste avec remarque, sur chine, signée.

MILLET (d'après)

207 — La Tonte, par Chassinat.

Très belle épreuve d'artiste avec remarque, sur parchemin, signée.

208 — Le Bibliophile, par Gervais.

Belle épreuve.

209 — Le Joueur de guitare, par Gilbert.

Très belle épreuve d'artiste avec remarque, sur parchemin, signée.

210 — Le Baiser, par Poterlet.

Très belle épreuve d'artiste avec remarque, sur parchemin, signée.

PENET

211 — Fleurs de printemps, d'après Chaplin.

Très belle épreuve d'artiste avec remarque, sur parchemin; signée du peintre et du graveur.

POTERLET (H.)

212 — Le Nouveau-né.

Très belle épreuve d'artiste avec remarque, sur parchemin, signée.

SOMM (H.)

213 — Japonisme.

Très belle épreuve d'artiste, signée.

WALTNER (Ch.)

214 — Elisabeth Jacobs Bas, d'après Rembrandt.

Tres belle épreuve d'artiste, sur japon.

215 — La Femme du Joueur, d'après Millais.

Très belle épreuve.

Imprimerie D. Dumoulin et Cie, à Paris.

www.ingramcontent.com/pod-product-compliance
Ingram Content Group UK Ltd.
Pitfield, Milton Keynes, MK11 3LW, UK
UKHW020531180726
13839UKWH00005B/2440

9 782329 518398